STICKER
ART BOOK NATURE
스티커 아트북-네이처

스티커 아트북-네이처

초판 1쇄 발행 2017년 4월 10일
초판 46쇄 발행 2024년 10월 30일

지은이 콘텐츠기획팀
펴낸이 김영조
편집 김시연 | **디자인** 정지연 | **마케팅** 김민수, 조애리 | **제작** 김경묵 | **경영지원** 정은진
일러스트 신선재 | **외주디자인** ALL design group
펴낸곳 싸이프레스 | **주소** 서울시 마포구 양화로7길 44, 3층
전화 02-335-0385 | **팩스** 02-335-0397
이메일 cypressbook1@naver.com | **홈페이지** www.cypressbook.co.kr
블로그 blog.naver.com/cypressbook1 | **포스트** post.naver.com/cypressbook1
인스타그램 싸이프레스 @cypress_book | 싸이클 @cycle_book
출판등록 2009년 11월 3일 제2010-000105호

ISBN 979-11-6032-019-0   13630

· 이 책은 저작권법에 따라 보호를 받는 저작물이므로 무단 전재 및 무단 복제를 금합니다.
· 책값은 뒤표지에 있습니다.
· 파본은 구입하신 곳에서 교환해 드립니다.
· 싸이프레스는 여러분의 소중한 원고를 기다립니다.

HOW TO USE STICKER ART BOOK

스티커 아트북,
이렇게 활용하세요!

이 책은 10가지 폴리곤 아트(Polygon Art) 작품에 스티커를 붙여 완성하는 액티비티북(Activity Book)입니다. 폴리곤 아트는 이미지를 도형으로 나누어 입체감 있게 표현하는 미술 기법을 뜻합니다. 바탕지에 이 책의 스티커를 모두 붙여 완성하면 입체감 있는 작품을 감상할 수 있을 거예요. 또한 스티커 아트북을 완성하는 과정은 단순히 스티커를 붙이는 행위에서 끝나지 않고 집중력을 기르는 명상으로까지 이어집니다.

책은 크게 앞부분의 작품 면과 뒷부분의 스티커 면으로 나뉩니다. 작품 면에는 실제 스티커를 붙일 수 있는 바탕지 10개가 쉬운 작품부터 난이도별로 나열되었고, 스티커 면에는 바탕지를 채울 수 있는 스티커가 있습니다. 앞에서 작품을 고른 다음 해당하는 스티커 면을 찾아서 작업하면 됩니다. 스티커면 나열 순서는 작품 나열 순서와 일치합니다.

책의 내용을 확인했다면 이제 스티커를 붙여볼까요?

1 완성하고 싶은 작품을 고릅니다

다음 페이지를 펼치면 이 책에 나오는 10가지 작품의 완성된 모습을 확인할 수 있어요. 여기서 마음에 드는 작품을 고르세요. 여러 개를 동시에 붙이다 보면 헷갈릴 수 있으니 한 번에 한 작품씩 골라서 도전하는 게 좋아요. 작품은 스티커의 크기가 커서 금방 완성할 수 있는 것부터 스티커가 작고 많아 붙이기 어려운 것 순으로 정렬되었습니다. 처음에는 앞부분의 쉬운 작품을 택해 감을 익히도록 하세요.

2 스티커를 떼어내어 해당 번호에 붙입니다

모든 스티커는 손으로 쉽게 떼어낼 수 있습니다. 스티커를 떼어낸 다음 작품 면의 해당 번호 부분에 붙이세요. 붙일 때는 되도록 선을 벗어나지 않도록 주의하는 게 좋습니다. 선에 딱 맞게 붙여야 깔끔한 작품이 완성되거든요.

3 책에서 작품을 뜯어내어 전시할 수 있습니다

스티커를 모두 붙여 작품을 완성했다면 작품 면을 책에서 뜯어내어 벽에 붙이거나 액자에 넣어 감상해도 좋습니다.

참고하세요!

작품 면과 스티커 면을 왕복하는 과정이 복잡하다면 스티커 면이나 작품 면을 책에서 뜯어낸 다음 붙이세요. 책의 모든 페이지에 뜯어내기 쉽도록 절취선을 넣었으니 이 선에 맞추어 천천히 뜯어내면 됩니다.

CONTENTS
한눈에 보는 스티커 아트

1 카라 바탕지…7 | 스티커…29~32

2 독수리 바탕지…9 | 스티커…33~36

3 여우 바탕지…11 | 스티커…37~40

4 원앙 바탕지…13 | 스티커…41~44

5 열대어 바탕지…15 | 스티커…45~48

6 거북 바탕지…17 | 스티커…49~52

7 나비 바탕지…19 | 스티커…53~56

8 고양이 바탕지…21 | 스티커…57~60

9 기린 바탕지…23 | 스티커…61~68

10 호랑이 바탕지…25 | 스티커…69~76

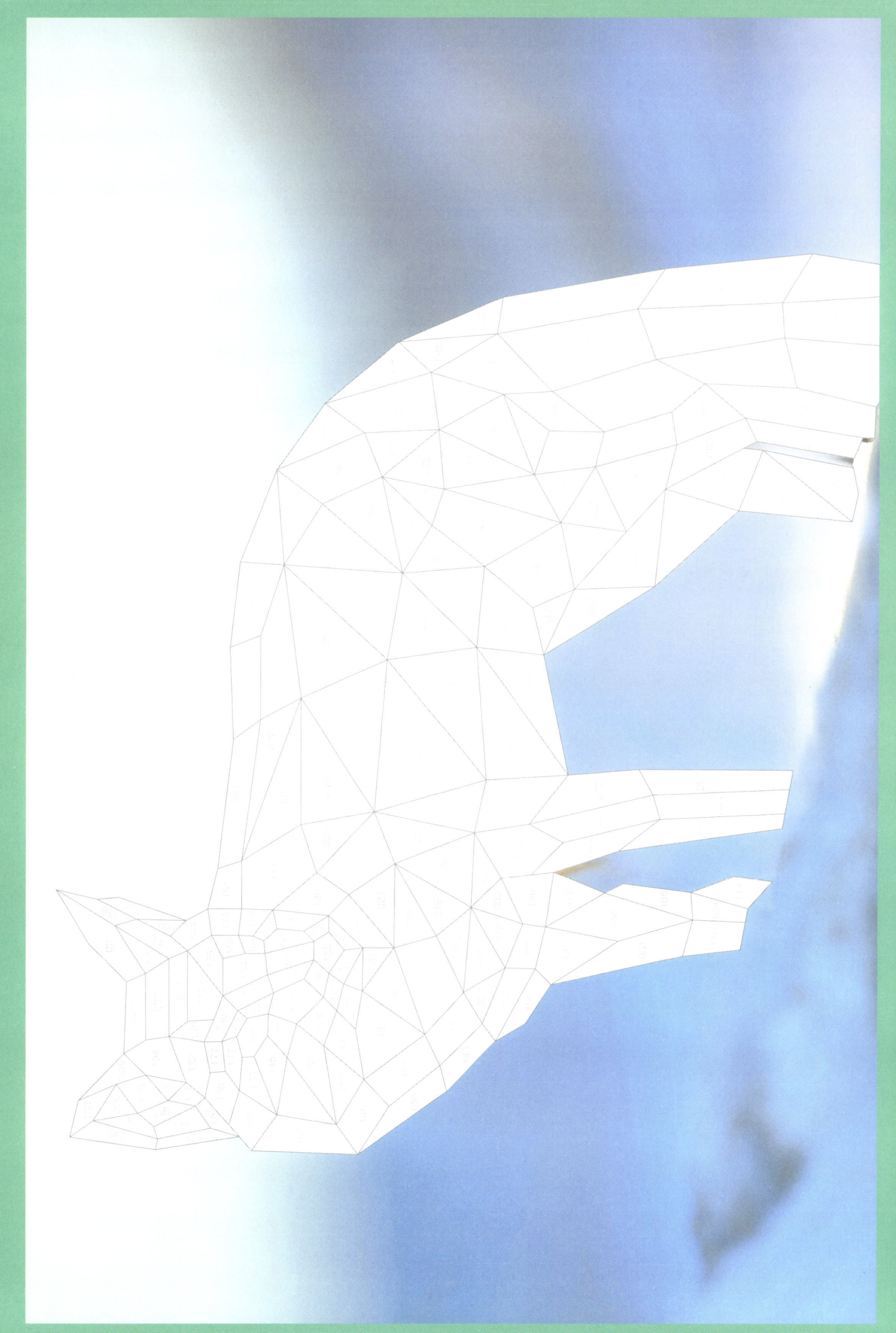

STICKERS
NATURE

1	카라	스티커…29~32
2	독수리	스티커…33~36
3	여우	스티커…37~40
4	원앙	스티커…41~44
5	열대어	스티커…45~48
6	거북	스티커…49~52
7	나비	스티커…53~56
8	고양이	스티커…57~60
9	기린	스티커…61~68
10	호랑이	스티커…69~76

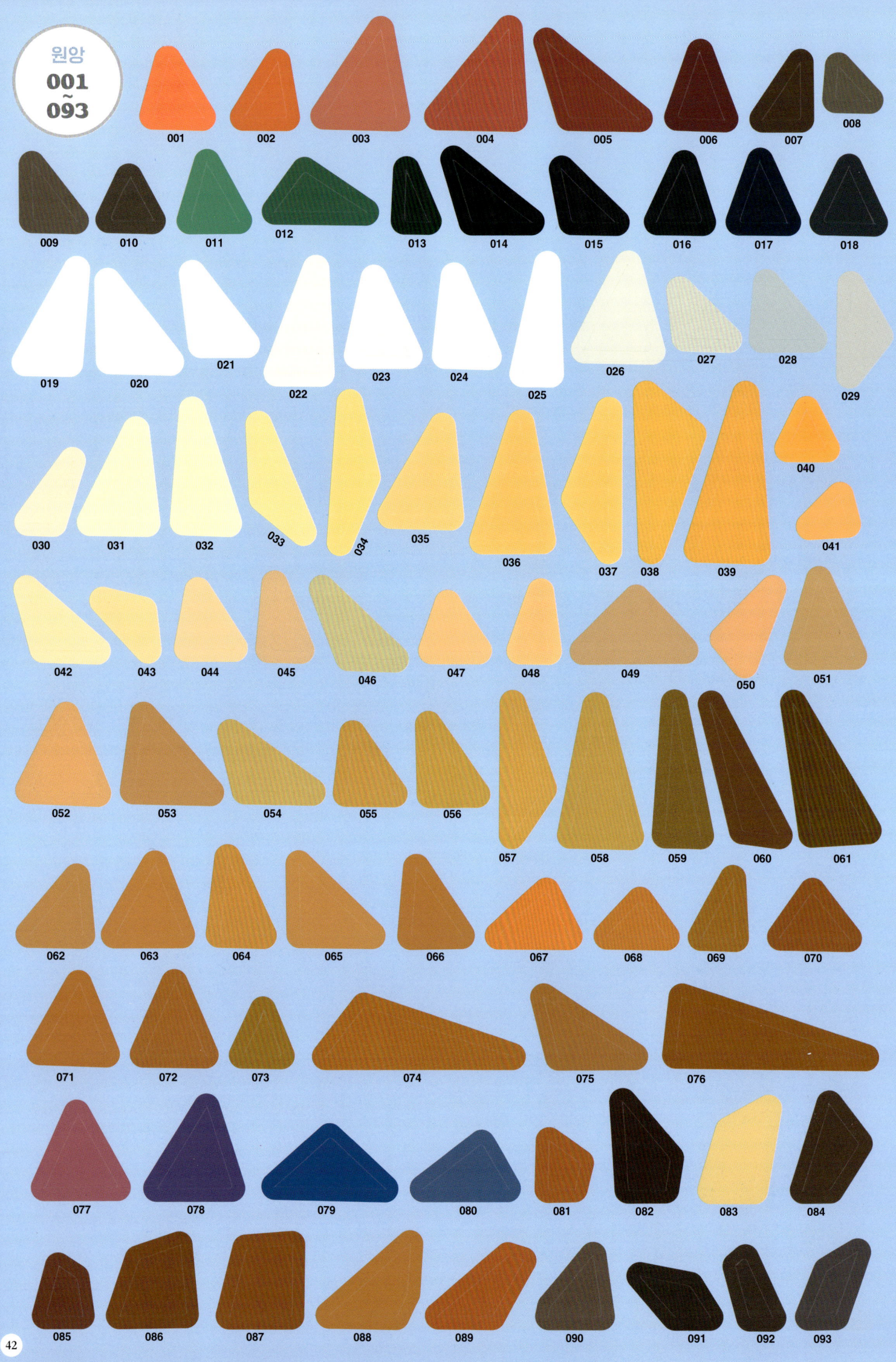

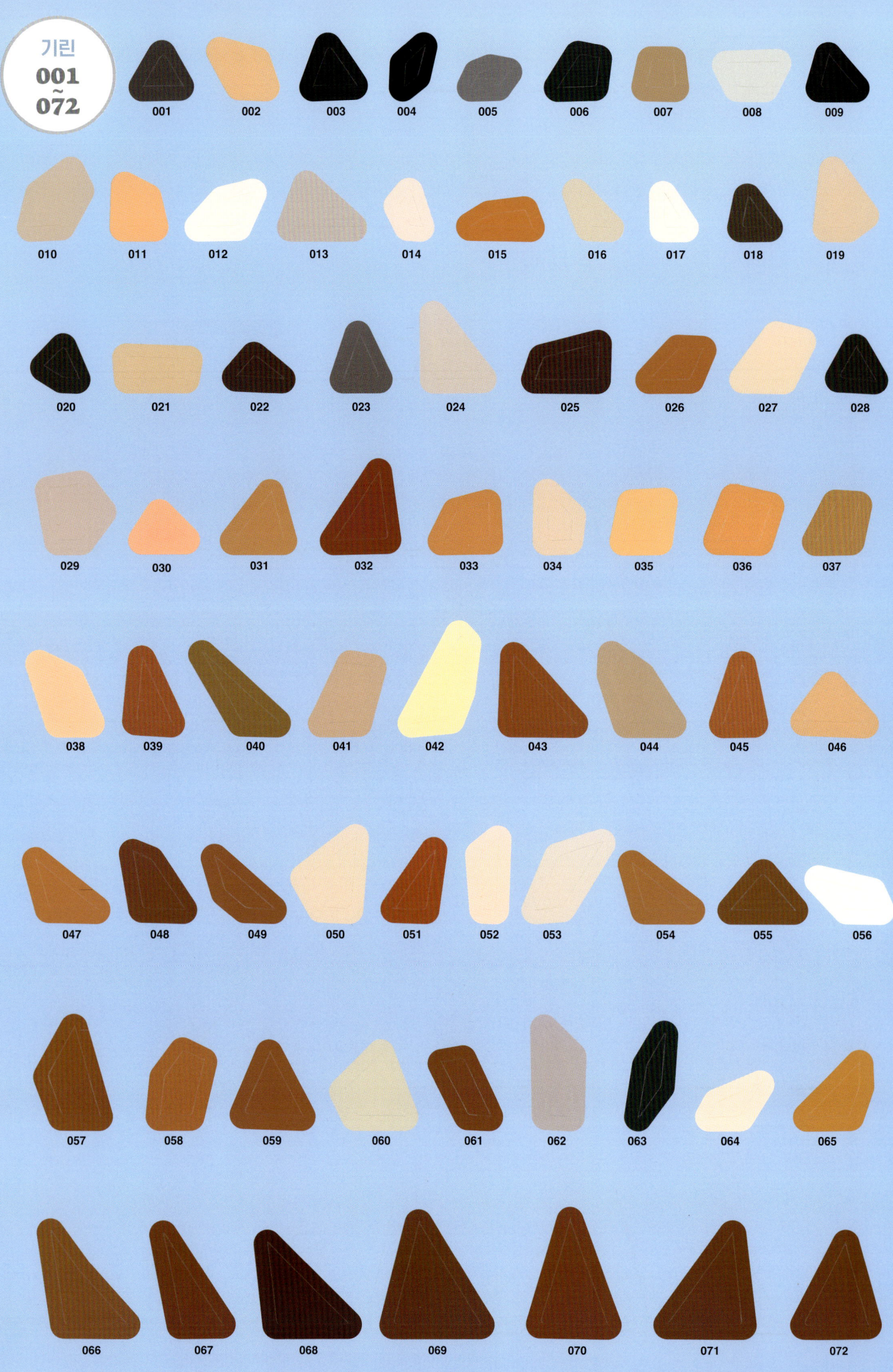

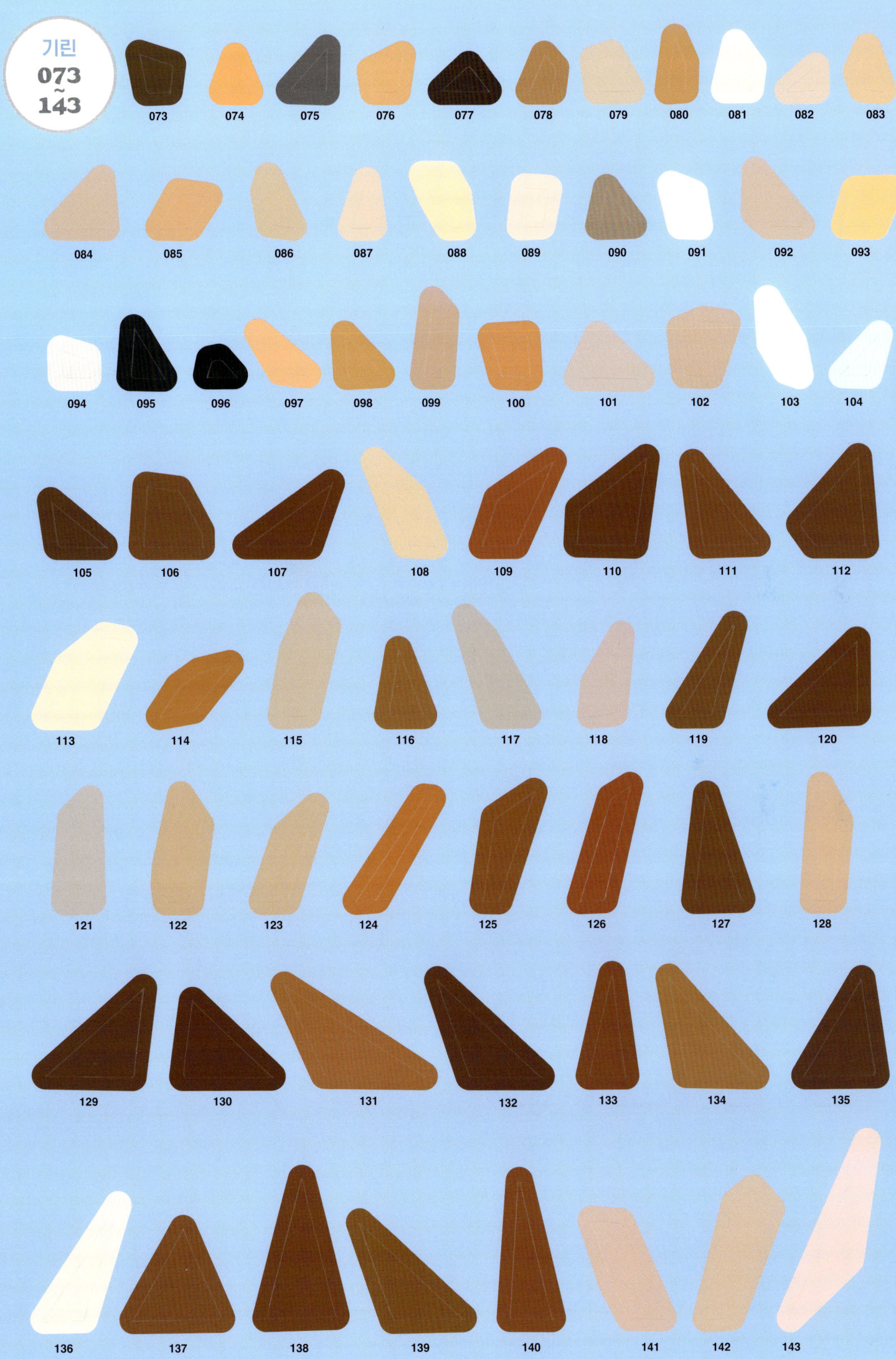

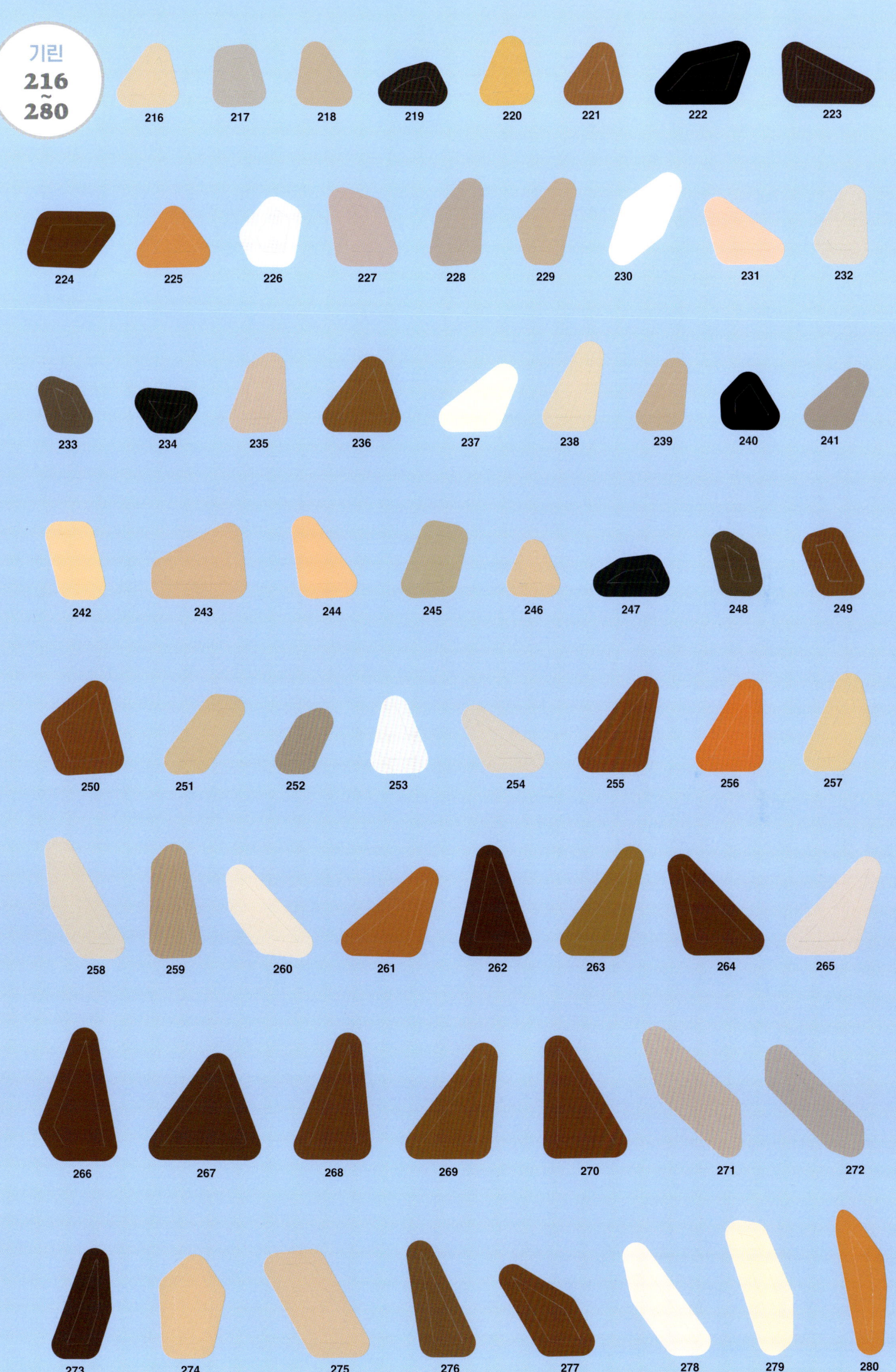

STICKER ART BOOK SERIES

스티커를 붙이면 작품이 완성되는 신개념 컬러링북

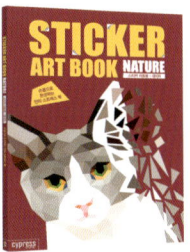
스티커 아트북
-네이처
콘텐츠기획팀 지음 | 76쪽

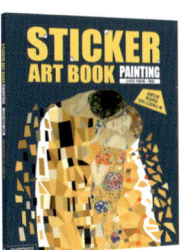
스티커 아트북
-명화
콘텐츠기획팀 지음 | 80쪽

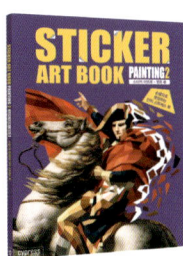
스티커 아트북
-명화2
콘텐츠기획팀 지음 | 84쪽

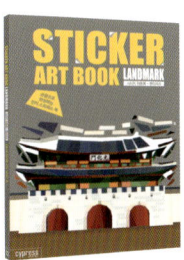
스티커 아트북
-랜드마크
콘텐츠기획팀 지음 | 72쪽

✦ 시리즈 누계 ✦
50만부!
스티커만 붙이면
집중력 업!
명상 효과!

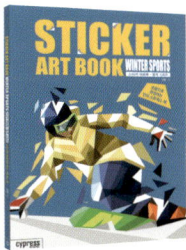
스티커 아트북
-동계 스포츠
진완 그림 | 74쪽

스티커 아트북
-팝 아트
콘텐츠기획팀 지음 | 82쪽

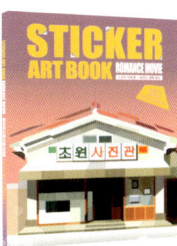
스티커 아트북
-로맨스 영화 장소
콘텐츠기획팀 지음 | 84쪽

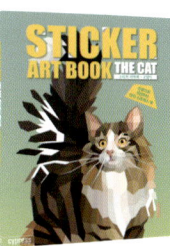
스티커 아트북
-고양이
콘텐츠기획팀 지음 | 84쪽

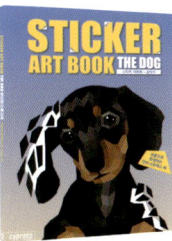
스티커 아트북
-강아지
콘텐츠기획팀 지음 | 84쪽

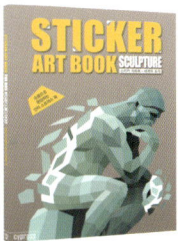
스티커 아트북
-세계의 조각
콘텐츠기획팀 지음 | 84쪽

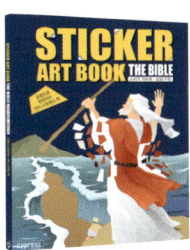
스티커 아트북
-성경(구약)
콘텐츠기획팀 지음 | 80쪽

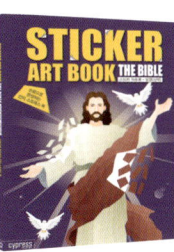
스티커 아트북
-성경(신약)
콘텐츠기획팀 지음 | 72쪽

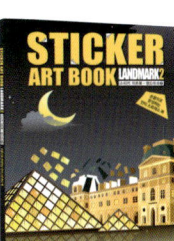
스티커 아트북
-랜드마크2
콘텐츠기획팀 지음 | 76쪽

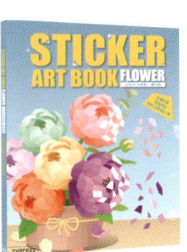
스티커 아트북
-플라워
콘텐츠기획팀 지음 | 72쪽

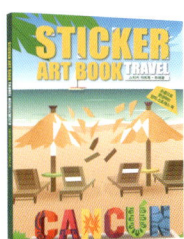
스티커 아트북
-트래블
콘텐츠기획팀 지음 | 80쪽

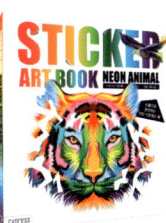
스티커 아트북
-네온 애니멀
콘텐츠기획팀 지음 | 68쪽

스티커를 번호에 맞게 붙이면 작품이 완성되는 신개념 컬러링북!

일상이 재미있어지는 새로운 취미

스티커 아트북, 이렇게 즐기세요

1 마음에 드는 도안을 골라요.

2 손으로 스티커를 떼어 번호에 맞게 붙여요.

3 완성된 작품은 뜯어내어 인테리어 소품으로 활용해보세요.

스티커 아트북, 이래서 좋아요

❖ 도구가 필요 없어요!
❖ 책 펼 공간만 있으면 언제 어디서든 시작할 수 있어요!
❖ 고민 제로! 색깔이나 기법 고민 없이 숫자대로 붙이면 끝!

값 19,800원
ISBN 979-11-6032-019-0